PROJET

DE

BANQUE HYPOTHÉCAIRE.

PRÊT ET AVANCE A LA PROPRIÉTÉ,

CRÉATION MOMENTANÉE D'UN PAPIER DE CIRCULATION
HYPOTHÉQUÉ SUR LA PROPRIÉTÉ,

SOUSCRIPTION, PAR LES PROPRIÉTAIRES, D'UN PRÊT DE 250,000,000 FRANCS
AU PAIR, EN FAVEUR DE LA RÉPUBLIQUE.

Par J. Rambaud.

LYON,

IMPRIMERIE DE BOURSY, GRANDE RUE MERCIÈRE, 66,

Près la place de la Préfecture.

1848.

PROJET

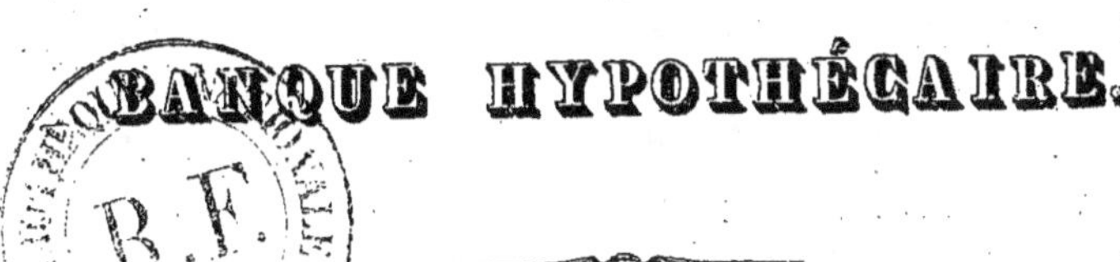

Ce projet si controversé, si vivement applaudi par les uns, si énergiquement repoussé par les autres, peut, à notre avis, donner les meilleurs résultats pour le présent et pour l'avenir, seulement il faut user et non abuser de ce moyen, car l'application peut en être dangereuse.

Depuis long-temps les économistes sont d'accord qu'en France surtout l'industrie du sol n'est pas assez protégée; tous reconnaissent que les capitaux lui manquent plus encore qu'à l'industrie proprement dite. Tous sont également d'accord qu'il est indispensable de la faire jouir, voire même, de créer pour elle des conditions de crédit au moins aussi avantageuses que pour toute autre branche de la fortune publique.

Ces principes posés, reconnus, il a paru bien facile et bien simple à une foule d'imaginations ardentes d'improviser un ordre de choses qui réalisât l'idéal de ces principes. Deux stimulants énergiques ont doublé l'actualité de cette question :

1° Le besoin d'argent ou de valeurs de circulation éprouvé par la presque totalité des propriétaires qui se trouvent avoir entre les mains une valeur morte et complétement paralysée.

2° La secousse imprimée aux esprits par le fait de la révolution de Février, espèce de secousse galvanique qui entraine le plus souvent les meilleurs esprits au-delà du but. Ainsi, parce que nous manquons de numéraire, les plus modestes demandent à l'Etat qu'il improvise le quadruple d'espèces de circulation en sus de nos ressources ordinaires.

Nous empruntons par la réalisation de nos valeurs immobilières ou de portefeuille à 25 ou 30 0/0 d'escompte. Ces athlètes du progrès demandent à ce que la République intervienne et leur procure de suite du numéraire à 2 1/2, à 2, voire même à 1 1/2, c'est à ne pas y croire ; il n'y a de comparable à cela qu'un homme qui, à moitié mort de misère et de faim, demanderait dix mille francs de rente pour diminuer ses maux, sans quoi il ne trouverait pas le secours suffisant.

Nous sommes moins ambitieux, nous voyons les choses à un point de vue plus pratique, et nous demandons seulement que la République organise les finances du pays et le crédit sur des bases aussi larges que démocratiques, mais, en même temps, sur le terrain vrai et dans un rapport déterminé par les exigences de nos relations commerciales extérieures.

Nous demandons que toutes nos institutions publiques de crédit soient le plus directement possible accessibles à la petite comme à la grande industrie, à la petite comme à la grande propriété.

Pour arriver à ces résultats d'une manière rationnelle sans sacrifier les fortunes acquises, le problème est difficile à résoudre ; et cependant, nous ne craignons pas de le dire, nous trouvons que la position actuelle, si critique qu'elle soit, permet mieux que toute autre d'intervenir d'une manière utile dans la question particulière ou publique. La fortune de la France est bouleversée. Pour sortir de l'imprévu où nous a jetés la révolution de Février, il faut de l'énergie et des sacrifices ; le mal est fait, il ne reste plus qu'à réaliser les bénéfices de la révolution.

Ce qui fait le mal de la position, c'est que chaque individu, voulant faire personnellement le moins de sacrifices possible, cherche à les imposer à son voisin, et *vice versâ*. Il résulte de cette lutte individuelle, incessante, des récriminations indéfinies qui toutes battent en brèche les combinaisons par lesquelles les hommes d'Etat de la République espèrent réaliser le salut de tous.

Mais aussi il reste acquis pour nous que, le jour où le gouvernement aura trouvé les moyens propres à nous sortir de ce dédale, il devra les appliquer sans tenir compte des criailleries; car il y a un fait qui domine, c'est que s'il en est quelques uns qui paraissent plus froissés que d'autres par les mesures d'urgence et d'intérêt public que le pouvoir décrétera, tous réaliseront en somme un bénéfice supérieur à leur perte dans une prompte organisation du nouvel ordre de choses. Arrière les plaintes intéressées; de l'intelligence, de la fermeté, et la France est sauvée.

—

Nous allons donner d'abord les principaux rouages de la Banque, telle que nous la comprenons ; pour les détails, nous les compléterons en prenant ce que nous trouverons de pratique dans les deux ou trois cents projets écrits sur la matière et adressés au comité des finances.

Nous établirons en second lieu les principes et les considérations sur la matière tels que nous les comprenons, afin de prouver, si faire se peut, que nos prévisions deviendront une certitude dans l'application :

1° Nous proposons que le gouvernement décrète la création, à Paris, d'une Banque hypothécaire nationale française.

2° Cette Banque serait autorisée à créer de suite pour un milliard de billets de Banque à un type uniforme, et portant également la signature de l'emprunteur, frappé au coin et sous la garantie du gouvernement.

3° Ces billets seraient répartis proportionnellement entre tous les départements, d'après la cote de l'impôt foncier.

4° A tous les propriétaires qui demanderaient à emprunter et qui justifieraient de la valeur de leur propriété, il serait avancé par la caisse de la Banque, sur une inscription hypothécaire de pareille somme, une valeur en billets de la Banque de 75 0/0 du montant de l'inscription, et le reste en un coupon de rente au pair.

5° L'état percevrait chaque année 4 0/0 sur les sommes avancées.

6° Ces prêts seraient faits pour cinq ans.

7° Dès que les circonstances le permettraient, la Banque entrerait dans la voie qui constitue, à notre avis, l'avenir rationnel de cette importante création.

Ainsi, du moment où le livret porterait une somme à fixer plus tard, la Banque hypothécaire serait seule chargée du placement des fonds de toutes les caisses d'épargne, dont les intérêts seraient payés par elle à 3 0/0 ; elle gérerait également les fonds des caisses de retraite.

8° Toutes les sommes engagées dans le mouvement de la Banque hypothécaire seraient prêtées pour cinq ans au moins.

9° Chaque titre porterait le nom de la propriété sur laquelle reposerait son émission.

10° La Banque serait spécialement chargée du service des intérêts, des remboursements à échéance et de toutes les formalités.

11° Les titres remis au prêteur par la Banque seraient transmissibles par endossement et au porteur.

12° L'Etat serait garant de tous les prêts, soit pour le service des intérêts, soit pour la liquidation du prêt lui-même.

13° L'emprunteur paierait à la Banque 4 0/0 sur le capital en caisse.

14° Le 1 0/0 attribué à la Banque est pour payer les frais de transactions, servir à l'assurance mutuelle entre les prêteurs, payer le service des intérêts et la garantie de leur gage.

15° Tous les capitalistes rentiers ou autres seraient admis à faire le placement de leurs capitaux par l'intermédiaire de la Banque, aux mêmes conditions que les déposants aux caisses d'épargne.

16° Les fonds déposés à la caisse des dépôts et consignations seront employés par la Banque hypothécaire aux mêmes conditions.

17° Les cautionnements pour fonctions publiques auront le même emploi, les prêts auront toujours lieu pour cinq ans.

18° Les baux des propriétés rurales sur lesquelles les propriétaires voudront emprunter seront authentiques ; ils devront avoir été faits pour une durée de quinze ans.

19° Une étude ultérieure, approfondie, faite par des hommes spéciaux, fixera les garanties à exiger de l'emprunteur.

20° La Banque prendrait 1 0/0 en plus pour les prêts faits sur les maisons qui ne serviront pas à l'exploitation rurale.

21° La Banque ne prêterait rien sur les bâtiments affectés à des entreprises industrielles.

Il est inutile de dire que le détail des articles que nous venons de poser comme fondement de la Banque hypothécaire, n'ont d'autre but pour le moment que de poser le mécanisme d'après lequel nous désirons, nous croyons qu'elle doit fonctionner. Ce serait aider énergiquement au développement de notre industrie agricole, et en outre nous servir momentanément de la valeur immobilière de notre sol, pour venir en aide à la fortune particulière et publique, en alliant d'une manière utile à tous le crédit public au crédit privé, qui ne peuvent rien séparément et tout lorsqu'on saura les combiner avec intelligence.

Les articles que nous avons posés dans les lignes qui précèdent étant les rouages fondamentaux de notre œuvre, nous allons en reprendre les principaux pour en faire comprendre l'esprit et l'application.

I.

Bien que le siége de la Banque soit à Paris, rien n'empêcherait de combiner l'organisation dans les départements, de façon à ce que les prêteurs pussent toucher tous les intérêts des sommes qu'ils auraient confiées à la Banque, dans l'arrondissement de la perception où ils auraient fait leur versement;

II.

Création de billets de circulation pour un milliard.

Tout ici a une grande importance et mérite une attention sérieuse ; nous créons un véritable papier-monnaie ; nous avons tenu compte de la position du moment et compris que dans cette circonstance il fallait obtenir deux résultats pour le pays par la création de la Banque.

Le premier, de créer et faire entrer dans la circulation un numéraire de papier entouré de la double garantie publique et privée, afin de ranimer au plutôt nos transactions paralysées par le resserrement du crédit et la disparition du numéraire.

Nous avons une confiance profonde dans la valeur dont nous demandons la création à l'Etat, quoique nous ne nous fassions pas illusion sur la perturbation, la dépréciation qu'amènerait pour ces valeurs leur émission sur une trop grande échelle. Nous croyons inutile d'entrer dans une discussion approfondie sur les causes qui produiraient inévitablement cette perturbation et cette dépréciation. Pour peu que l'on se soit occupé de la matière, l'évidence en saute aux yeux.

Nous nous bornerons à établir quelles considérations nous ont amené à adopter ce chiffre, que plus ample information sur documents statistiques (qui nous manquent) pourrait faire modifier.

Nous avons tenu compte de la susceptibilité du crédit, en asséyant la valeur de ce papier de circulation sur la propriété immobilière doublé de la garantie du cautionnement de l'Etat.

Nous avons calculé que, dans un moment où tout crédit, toute transaction est suspendue, ou une partie du numéraire *espèce* est hors de la circulation, il fallait nécessairement arriver à un moyen efficace de créer une nouvelle valeur de circulation qui permit de payer l'impôt et de satisfaire aux engagements les plus pressants. Car, il faut en convenir, sans agents de circulation, la propriété, la fortune immobilière n'existent pas ; l'une donne la valeur à l'autre.

Sous l'ancien gouvernement, quand le crédit fonctionnait, nous avions pour faire face à nos échéances de chaque jour :

2,500,000,000 en espèces ;

Environ 276,000,000 en bons du Trésor ;

Id. 450,000,000 en bons de caisse qui circulaient sur places comme valeur monétaire et parfaitement acceptée comme telle.

Aujourd'hui, au contraire, il nous manque certainement un milliard de notre numéraire, immobilisé par la peur ou la prévoyance, si l'on aime mieux ; pour les bons du Trésor, ils ont changé de rôle ; de *numéraire,* ils sont devenus marchandises ; matière de change par nature, ils sont devenus matière à échange.

Quant aux bons de caisse des maisons qui étaient en compte-courant avec les banques, des maisons de banque elles-mêmes, telles que Gouin, Ganneron, etc., etc., il n'en faut plus parler ; c'est en somme un déficit réel de près de deux milliards dans nos ressources matérielles de change. Il faut donc un moyen matériel, palpable, de combler une partie de ce déficit, si nous voulons que le crédit et la confiance reprennent leur rôle dans les affaires.

Quelques personnes pourraient nous demander pourquoi, lorsque nous constatons un manque de près de deux milliards dans nos ressources matérielles financières, nous ne les remplaçons que par un milliard.

Nous avons la certitude que, quand nous aurons jeté pareille somme dans la circulation, les peureux qui tiennent actuellement quelques ressources pécuniaires en réserve seront les premiers à les jeter dans la circulation, le jour où ils auront la certitude de pouvoir les remplacer à volonté par des valeurs aussi solides.

Ainsi, un milliard que nous jetterions dans la circulation en ramènerait un qui est actuellement paralysé, et nous donnerait immédiatement la libre disposition d'une matière de change égale à celle dont nous disposions avant les journées de Février. La confiance renaîtrait ; la reprise des affaires en serait la conséquence forcée. L'impôt lui-même rentrerait avec facilité, et nous pourrions enfin, dans le calme et l'abondance, appliquer à notre pays les améliorations sociales que réclament depuis long-temps des hommes de cœur et de dévouement, mais peu versés dans la pratique des affaires. Hommes de théories, ils ne voient pas que leur cœur les aveugle et qu'ils sont eux-mêmes le plus grand obstacle à la réalisation de leur vœu le plus ardent.

III.

La répartition entre tous les départements, d'après la cote foncière, nous a paru la meilleure pour arriver à une division équitable des billets dont nous proposons la création; elle fait en même temps ressortir les garanties solides sur lesquelles repose cette émission de papier-monnaie qui alors ne causera plus les appréhensions soulevées par le souvenir des assignats.

IV.

Le mécanisme de cet article est facile à comprendre. Nous avons été guidés par la position anormale dans laquelle le pays est engagé en face de la propriété particulière et de la fortune publique, chacune impuissante dans son isolement à se procurer des valeurs de circulation; nous avons été amené à chercher si, par la création d'une valeur émise sous leur double garantie, nous n'arriverions pas à l'entourer d'assez de sécurité, pour qu'elle soit acceptée en toute confiance. Pour nous, il n'y a pas de doute.

Une fois le principe reconnu, nous avons dû faire participer les deux parties contractantes au bénéfice de l'opération, et nous avons dit : Si, par la signature de la nation, l'Etat fait prêter par la Banque hypothécaire un milliard aux propriétaires du sol, ceux-ci, de leur côté, peuvent bien souscrire un emprunt national de deux cent cinquante millions; et alors chaque emprunteur de la caisse verserait au Trésor, contre un coupon de rente 5 0/0 au pair, le quart de la somme que lui aurait avancée la caisse. L'emprunteur resterait alors réellement porteur, comme nous le disons dans le n° 4, de 75 0/0 en billets de circulation, et 25 0/0 en rente sur l'Etat.

L'Etat, lui, aurait réalisé au pair un emprunt volontaire de 250,000,000 f. dans un moment où les plus hardis spéculateurs auraient à peine le courage de le soumissionner à 75 f., soit 25 0/0 de perte pour la République.

V.

Notre position est critique ; elle exige des ressources extraordinaires pour faire face aux besoins créés par les circonstances.

La révolution de Février a mis en demeure les hommes qui marchaient à la tête du mouvement de donner satisfaction aux masses par la suppression immédiate de certains impôts vexatoires. A tort ou à raison, ces engagements pris, on a cru devoir les tenir ; mais comme les dépenses n'ont pas encore diminué, il faut nécessairement que le pays comble le déficit. Là est le nœud de la situation ; car tant que nos gouvernants ne trouveront pas les moyens de limiter la dépense au niveau de la recette, il faudra qu'ils élèvent la recette au niveau de la dépense.

Par l'impôt de 45 centimes, on est déjà entré dans cette voie ; mais on n'a que déplacé la difficulté sans y porter remède. Nous pensons qu'il vaut mieux faire payer ce surcroît d'impôt à ceux qui auront intérêt à demander d'en prendre la charge, et qui se trouveront très heureux de payer 4 0/0 d'intérêt à l'Etat sur les sommes qui leur seront avancées par la Caisse, dans un moment où ils ne trouvent à emprunter à aucune condition.

Un milliard à 4 0/0 créerait immédiatement au budget une ressource annuelle de quarante millions, impôt volontaire.

VI.

Dans les détails que nous avons déjà donnés sur les articles qui précèdent, nous avons fait ressortir que les valeurs de circulation improvisées avec la garantie de la propriété immobilière n'avaient d'autre objet que de faire face aux exigences du moment et relever notre drapeau industriel. Il faudrait rentrer ensuite dans les conditions générales du crédit; c'est-à-dire, dès que les affaires auront repris, dès que le crédit et le mouvement financier le permettront, nous rentrerons dans le mouvement normal et nous amortirons le plus rapidement possible ces valeurs de circulation. On pourrait commencer dans cinq ans au plus tard. Il ne peut y avoir que deux banques en France, mais il doit y en avoir deux. A chacune son rôle particulier. A la banque proprement dite la création des espèces et toutes les affaires d'escompte. C'est elle qui doit régulariser et fixer le taux de l'intérêt en France, et le maintenir à des conditions au moins aussi avantageuses que dans le pays le plus favorisé.

Le rôle de la Banque hypothécaire se borne à faciliter la mobilisation de la propriété et simplifier par son action unitaire les rouages entre le capitaliste et le propriétaire. Nous y ajoutons l'avance à la propriété de tous les fonds dont la gestion avait été jusqu'à ce jour confiée au Trésor, plus ceux qui lui seront confiés à l'avenir.

VII.

C'est un tout autre ordre d'idées que celui que nous avons exposé jusque là; en effet, jusqu'à présent nous ne nous sommes occupés que d'un papier hypothécaire propre à faire face à la crise du moment, destiné à redonner la vie à notre société ébranlée, mais qui, poussé à une application trop large, nous conduirait, dans un avenir rapproché, à des perturbations, à la ruine, tandis que notre double combinaison aura l'avantage de sauver le présent et de préparer l'avenir.

Il ne s'agit pas seulement pour nous de décréter les caisses de retraite, les caisses d'épargne, etc., etc.; nous voulons avant tout préparer les voies et moyens qui empêcheront ces institutions utiles en principe d'entraver la chose publique, de reproduire les embarras causés à l'ancien gouvernement par l'emploi des fonds des caisses d'épargne, embarras qui l'ont amené à abuser de la confiance de ses pupilles.

Nous voulons éviter toutes ces chances de ruine, et développer sur une échelle immense ces utiles institutions; appliquer l'économie, la fortune du travailleur à commanditer la propriété, de sorte que, dans un temps donné, les prolétaires seraient de véritables propriétaires en France.

Pour l'emploi de leur capital, les caisses de retraite, de même que les caisses d'épargne, menacent d'entraver le mouvement financier d'après nos vieux errements administratifs. Nous voulons, au contraire, qu'elles deviennent par cette application un immense levier d'ordre et de progrès.

Il est reconnu maintenant qu'une des premières conditions de succès pour l'industrie, pour l'agriculture, c'est d'avoir de l'argent à un faible intérêt.

Pour l'industrie, l'amélioration de nos anciens organes du crédit peut suffire.

Pour l'agriculture, il faut au contraire créer quelque chose, car nous n'avons rien en France qui réponde à nos besoins; la terre est complétement abandonnée au hasard des combinaisons particulières. Une législation embrouillée et coûteuse décourage les capitaux et les empêche de se porter vers cette industrie. Il en résulte cette anomalie de l'escompte commercial à 4 et quelquefois 3 0/0, à côté de l'agriculture qui ne trouve jamais, avec les frais, de capitaux à moins de 6 0/0 et quelquefois 8 0/0.

C'est cette anomalie de la différence d'intérêt, d'escompte proprement dit, que nous voulons faire cesser entre les deux industries *manufacturière et agricole*, afin qu'elles se développent par leur succès réciproque.

C'est parce que nous savons avec qu'elle facilité les capitaux se portent vers l'industrie qui leur offre le plus d'avantages que nous pensons qu'il suffit de diminuer le taux de l'argent en France, tout en améliorant les conditions du prêt hypothécaire, pour équilibrer la tendance de nos capitaux entre l'industrie manufacturière proprement dite et l'industrie agricole.

Ainsi, nous pensons arriver à ces résultats en fixant les revenus du capitaliste au même chiffre, dans un cas comme dans l'autre ; seulement dans l'un il obtient des valeurs complétement mobiles, mais avec chance de perte, tandis que dans l'autre, s'il ne court aucune chance de perte, il reçoit en échange de son capital une valeur moins mobile, un titre hypothécaire à échéance fixe.

VIII.

La portée de ce titre est facile à comprendre ; il faut, en effet, que la Banque puisse engager prêteurs et emprunteurs pour un certain nombre d'années, afin de ne pouvoir en aucun cas être amenée par les uns ou les autres à une variation imprévue et trop forte dans ses revirements annuels, car alors elle pourrait être, pour le crédit de la France, une cause de crise impossible à maîtriser.

Nous admettrons même pour certains cas qui seront examinés plus tard des conditions de remboursement par annuités, ce sera le sujet d'une discussion spéciale et motivée.

IX.

En voulant que chaque titre porte le nom de la propriété sur laquelle repose son émission, nous entendons lui assigner une valeur réelle, palpable, que le tiers porteur puisse vérifier, afin d'éviter toute suspicion, toute dépréciation.

Les propriétés à hypothéquer et la quotité des sommes à leur avancer seront affichées dans un tableau *ad hoc* dans les bureaux de la caisse, à la Bourse et autres lieux, un mois à l'avance, afin que le prêteur puisse connaître d'une manière précise, accepter ou refuser le placement de son argent sur telle ou telle propriété.

X.

La Banque étant spécialement chargée du service des intérêts, des remboursements à échéance, etc., aussitôt disparaissent dans cette unité d'action, l'incertitude de la perception du revenu, l'incertitude et les embarras de la liquidation du prêt lui-même, qui éloignent le plus le capitaliste de ce genre de placement.

Quant aux frais que pourront coûter à la caisse les formalités à remplir, nous ne les calculons pas pour le moment; nous y reviendrons quand nous traiterons de la vénalité des emplois publics.

Le principe et l'exécution admis, nous discuterons le détail des voies et moyens propres à simplifier ces transactions et à les rendre économiques et promptes.

XI.

En disant que les titres remis au prêteur par la Banque sont transmissibles par endossement et payables au porteur, nous voulons rendre la transmission aussi facile, aussi économique que possible, afin que chaque porteur soit libre d'en jouir à sa manière, tout en entourant le titre d'une garantie qui croîtra comme sa circulation. Ainsi, la négociation pourra être directe, sans frais: elle pourra se faire par intermédiaire et au cours de la Bourse; mais, dans tous les cas, elle augmentera de sécurité pour le porteur en raison de sa circulation, car la signature des endosseurs successifs sera une garantie soumise à l'appréciation directe des nouveaux acheteurs.

XII.

Quoique cet article, qui comporte la garantie de l'Etat, paraisse une superfétation du titre IIe, nous n'avons pas craint d'y revenir, pour bien établir la sécurité que devront inspirer aux porteurs de titres, aux rentiers, ces valeurs hypothécaires, et justifier en outre la perception de l'impôt du 1 p. 0/0 d'intérêt stipulé au profit de l'Etat, en raison de l'assurance dont il couvre cette valeur, qui courrait sans cela les mêmes chances que la caisse hypothécaire de la rue *Cadet*, dont les actions ont éprouvé une dépréciation effrayante et méritée.

XIII.

Nous avons fait ressortir, dans les articles qui précèdent, tous les avantages que retireront les porteurs de titres de la Banque, de la garantie que leur assurera cette institution pour le placement de leurs capitaux, le service des intérêts, la liquidation du prêt lui-même, sans frais, sans embarras, à jour fixe, sous toute garantie. Il en est résulté pour nous la conviction que le prêteur n'avait qu'à gagner à cette opération; de même pour l'emprunteur qui réalisera non-seulement 2 ou 3 0/0 d'économie sur le service des intérêts, mais encore aura à la caisse la presque certitude de pouvoir renouveler son emprunt, tandis que dans notre ordre de choses actuel il est à la merci du prêteur et de son agent, et on en a vu qui abusaient de cette position pour faire liquider forcément des propriétés qu'ils achetaient alors à vil prix. Disons mieux, c'est là une des plaies vivaces qui ruinent bon nombre d'habitants des campagnes et que nous devons nous hâter de faire disparaître; le premier pas dans le progrès, le plus sûr, c'est de supprimer les abus, le reste viendra vite.

Une autre raison nous a confirmés dans l'idée qu'il était convenable de percevoir au moins 4 0/0 de l'emprunteur hypothécaire, tandis que nous ne donnerions que 3 0/0 au prêteur; c'est que dans l'ensemble de nos études et des voies et moyens pour organiser le crédit en France, nous arrivons à 3 0/0 comme chiffre normal (maximum), et nous craindrions que le capitaliste ne se portât trop exclusivement, aux dépens de l'industrie, vers le prêt hypothécaire pour le placement de ses fonds, vu les facilités et les garanties dont nous entourons cette nouvelle institution.

D'un autre côté, le propriétaire est emprunteur, il faut le retenir, sans quoi il se ruinerait par la facilité même d'emprunter.

En outre, il est juste de faire profiter la nation du bénéfice d'une garantie qu'elle seule peut donner ; c'est du reste un impôt volontaire, le plus logique, partant le plus juste.

XIV.

Il est de toute justice que l'Etat, la nation, qui prend à sa charge, sous sa propre garantie, les embarras, les frais de transaction et d'assurance, prélève une prime volontaire destinée à créer un fonds de réserve, qui assurera le service des intérêts et les revirements annuels.

L'excédant des sommes qui resteront libres, en dehors de tous les frais de gestion et de garantie, seront atribués dans le budget à des dépenses d'intérêt public, à la suppression d'impôts qui pèsent trop directement sur la classe pauvre.

XV.

La Banque étant créée dans le double but de protéger l'agriculture et simplifier l'action du Trésor dans la gestion des capitaux qui lui sont confiés et qui tendent sans cesse à augmenter, nous avons pensé qu'il était indispensable de chercher dans la Banque hypothécaire : 1° le placement de ces dépôts, tout en conservant à l'agriculture les capitaux qui l'exploitent aujourd'hui ; en outre, comme l'Etat prélève une commission de 1 0/0, nous ne voyons aucun inconvénient à ce qu'il perçoive cet impôt volontaire qui lui créera des ressources importantes.

L'emprunt hypothécaire actuel, avec ses conditions onéreuses, s'élève au chiffre énorme de 13 à 15 milliards ; ce n'est pas trop dire qu'avec les conditions de succès que lui assurera la banque, il s'élèvera à 18 ou 20 milliards. Ce serait alors une perception de 180 ou 200 millions de prime brute à porter au crédit du budget. Cet impôt en vaut la peine, d'autant qu'il sera d'une perception facile, puisqu'il sera volontairement payé.

Il va sans dire que la Banque se chargera du placement des fonds des capitalistes après celui des caisses d'épargne, des caisses de retraite ou autres établissements publics.

Il est inutile d'insister pour faire comprendre que la création de cette banque nécessiterait un réglement spécial qui simplifierait pour elle, autant que possible, la législation sur les ventes forcées pour non paiement d'hypothèques, ce qui engagerait d'autant prêteur et emprunteur à se servir de son intermédiaire.

XVI.

Cet article vient à l'appui de l'idée que nous avons sommairement émise dans le précédent, de diminuer les rouages du Trésor proprement dit, du mouvement des fonds qui lui sont étrangers, et que, dans notre organisation financière actuelle, il ne peut cependant pas abandonner, tandis que l'organisation de notre Banque hypothécaire s'y prête merveilleusement, tout en laissant les capitaux assez mobiles pour que le déposant n'ait pas à souffrir de leur immobilisation.

XVII.

La première partie de cet article a pour but de compléter le précédent et de mieux faire ressortir toute la portée de la création de notre Banque.

La seconde partie indique le *minimum* d'immobilisation du capital, afin de ne pas surcharger l'administration de la Banque d'échéances trop promptes par une moyenne de revirements trop forts, revirements qui deviendraient une cause sérieuse et permanente de troubles dans les finances du pays.

Nous allons plus loin en disant qu'il serait indispensable que les prêts fussent échelonnés à des échéances différentes, de trois ans en trois ans, depuis cinq ans jusqu'à quinze, voire même, dans certains cas, que l'amortissement s'en fît par annuités.

Pour ceux-là, il y aurait un réglement spécial qui déterminerait l'emploi à faire des fonds prêtés; ce ne pourrait être que dans le cas où ils seraient employés complétement à des travaux d'améliorations matérielles du sol, défrichement, labour profond, engrais ou autres améliorations immédiatement immobilisées dans la propriété.

Nous aurons besoin de revenir à cette importante partie du projet, quand nous en serons à l'application; pour le moment, nous nous contenterons d'en indiquer les principes.

XVIII.

La longueur des baux sera une garantie de leur sincérité pour les propriétés rurales; en outre, ce mode a l'avantage de permettre au fermier de s'occuper d'améliorations sérieuses, car la longueur de son bail lui permettra d'en jouir. L'emprunt étant avantageux, il servira de prime d'encouragement aux propriétaires, et les amènera rapidement à renoncer à leurs baux de trois, six ou neuf ans.

Pour les autres propriétés, les baux de quinze ans seraient un inconvénient grave, disons mieux, une impossibilité. Aussi faisons-nous une exception en leur faveur, et nous admettons que l'on se guidera sur les us et coutumes des villes où l'on opérera.

XIX.

Pour arriver au résultat indiqué par cet article, il y aura, outre les inspecteurs et le personnel des Banques, un jury spécial créé dans chaque ville où existera une Banque. Ce jury, nommé par les prêteurs, surveillera les opérations de la Banque dans ses appréciations pour le chiffre des prêts à faire sur chaque propriété donnée en garantie.

Ce jury, composé de propriétaires ruraux, de propriétaires de la ville et de légistes, se renouvellerait par tiers tous les ans.

XX.

On comprend facilement que la Banque étant créée spécialement pour venir en aide au développement de l'agriculture et en même temps créer des ressources au budget par un impôt volontaire, tout prêt qui ne s'applique pas au développement agricole doit servir à augmenter les revenus de l'Etat, sans du reste froisser personne. Il y aurait, en outre, un grave inconvénient à ne pas agir ainsi ; c'est que, si nous prétions aux mêmes conditions aux propriétés (habitations) qu'aux propriétés rurales, les premières feraient concurrence aux secondes pour l'emploi des capitaux ; cette facilité même ne servirait qu'à donner aux maisons une valeur représentative plus grande, ce qui est complétement indifférent à la prospérité du pays.

Les maisons de campagne sont dans le même cas ; nous disons celles qui sont en dehors de l'exploitation rurale. On devra prêter peu sur leur estimation qui n'a jamais qu'une valeur conventionnelle incertaine ; on leur fera également payer 5 0/0 d'intérêt ; c'est un impôt de luxe et un impôt volontaire de 2 0/0 au profit de l'Etat.

XXI.

Nous croyons indispensable de laisser les bâtiments spécialement affectés à l'industrie en dehors de l'action de notre Banque ; c'est un terrain inconnu sur lequel elle ne pourrait éprouver que perte et déception ; quand on crée une industrie, tout paraît beau, magnifique ; on doit réaliser des monceaux d'or ; quand il faut liquider, il en est parfois tout autrement. En outre, la plus belle industrie, la mieux dirigée, qui donne les plus beaux bénéfices, peut être paralysée demain par une industrie nouvelle.

Nous croyons avoir assez fait pour l'industrie proprement dite, si, par l'organisation générale des institutions de crédit, nous abaissons le taux de l'intérêt en France à deux et demi ou trois pour cent, et développons en même temps notre production agricole dans des proportions aussi larges que celles que nous espérons atteindre.

CONCLUSION.

Nous avons voulu, en proposant la création de la Caisse hypothécaire ;

Créer de suite des ressources numéraires au pays et les faire entrer dans la circulation, sous la double garantie de la propriété particulière et publique ;

Procurer de suite à la République la réalisation d'un emprunt de deux cent cinquante millions au pair ;

Enlever à la République l'embarras du placement des fonds des caisses d'épargne et de retraite ;

Créer à l'agriculture un banquier qui lui vînt en aide et la débarrassât des entraves de l'usure ;

Intéresser directement le prolétaire à la propriété du sol, à la richesse nationale ;

Nous avons voulu enfin créer à la République un revenu important, volontaire, qui ne froissât personne. Avons-nous réussi ? au gouvernement, au pays de juger.

BILAN DE LA BANQUE.

Intérêt du milliard émis sur la valeur de la
    propriété à 4 %. . . . . 40,000,000 f.

Avances faites par la propriété à la République. 250,000,000

                            Total. . . . . 290,000,000 f.

A déduire l'intérêt du prêt des 250,000,000
    à 5 %. 12,500,000

Reste disponible en faveur des budgets 1848
    et 1849 . . . . 277,500,000 f.

Ces résultats sont absolus sans aucune éventualité. Il y aura
à y ajouter surtout pour 1849 le revenu que la Banque réalisera par les opérations des prêts qu'elle aura déjà pu opérer,
et qui s'élèveront d'année en année.

—

EXTRAIT DU JOURNAL *LE CENSEUR* JUILLET 1848.

—